So wird es gemacht:

Öffne das miniLÜK®-Lösungsgerät und lege die Plättchen in den unbedruckten Deckel!
Jetzt kannst du auf den Plättchen und im Geräteboden die Zahlen 1 bis 12 sehen.

Beispiel: Seite 2
Bildergeschichte – Einzelbilder

Nimm das Plättchen 1 und sieh dir Aufgabe 1 an! Auf welchem Bild passiert das? Die richtige Antwort lautet: 3. Bild. Zur richtigen Antwort gehört die Zahl 11. Die 11 ist auch die Feldzahl im Lösungsgerät, auf die du das Plättchen 1 legst, also Plättchen 1 auf das Feld 11 im Geräteboden!
Die Zahl **1** muss nach oben zeigen.

So arbeitest du weiter, bis alle Plättchen im Geräteboden liegen. Schließe dann das Gerät und drehe es um! Öffne es von der Rückseite!

Wenn du das bei der Übungsreihe abgebildete Lösungsmuster siehst, hast du alle Aufgaben richtig gelöst.

Passen einige Plättchen nicht in das Muster, dann hast du dort Fehler gemacht. Drehe diese Plättchen da, wo sie liegen, um, schließe das Gerät, drehe es um und öffne es wieder!
Jetzt kannst du sehen, welche Aufgaben du falsch gelöst hast. Nimm diese Plättchen heraus und suche die richtigen Ergebnisse!
Kontrolliere dann noch einmal!
Stimmt jetzt das Muster?
Das System ist für alle Übungen gleich: Die roten Aufgabennummern im Heft entsprechen immer den miniLÜK-Plättchen aus dem Lösungsgerät.
Die Feldzahlen bei den Lösungen sagen dir, auf welche Felder im Lösungsgerät die Plättchen gelegt werden.

Und nun viel Spaß!

Dieses Papier wurde aus chlorfrei gebleichtem Zellstoff hergestellt.

Bildergeschichte – Einzelbilder

Ein Fernsehabend

E = Einleitung

Auf welchem Bild passiert das?

Nr.		1. Bild	2. Bild	3. Bild	4. Bild
		Feldzahl			
1	Die Vase kippt um.	5	2	11	8
2	Fassungslos guckt Tom auf den Ball im Tor.	4	8	6	1
3	Das Mädchen lässt das Buch sinken.	11	4	1	7
4	Tom und Tina sitzen im Wohnzimmer.	6	5	9	3
5	Dann schreit sie vor Entsetzen auf.	12	1	3	10
6	Beide Kinder lesen in aller Ruhe.	8	11	9	3
7	Mit einer Flasche stößt Tom die Vase um.	2	6	12	5
8	Zwischen dem Fernseher und dem Tisch bleibt er stehen.	9	7	2	10
9	Tina warnt Tom mit ausgestrecktem Arm.	8	10	3	7
10	Der Fernsehapparat ist noch nicht eingeschaltet.	5	2	11	4
11	Nun liegt die zweite Flasche am Boden.	12	7	4	9
12	Mit Getränken und Gläsern kommt er wieder zurück.	10	2	6	1

Einleitung, Hauptteil und Schluss – Bildübergänge

S = Schluss

Hauptteil = Inhalt der Bilder und Bildübergänge.

Wohin passen diese Sätze?

		E	? (blau)	? (rot)	? (gelb)	S
		Feldzahl				
1	Der Mittelstürmer schießt den Ball ins Tor.	11	6	8	4	2
2	Er holt das Tablett aus der Küche.	4	12	3	7	8
3	Tom und Tinas Eltern sind ins Kino gegangen.	7	5	1	6	9
4	Vor Schreck lässt Tom das Tablett fallen.	10	8	12	3	2
5	Tom will Flaschen und Gläser auf den Tisch stellen.	2	11	1	7	12
6	Um Getränke zu holen, geht er in die Küche.	3	5	10	11	9
7	Das Buch gleitet Tina aus den Händen.	1	10	9	4	11
8	Das sollte Tom nie wieder passieren!	9	12	3	10	6
9	Aus dem Kühlschrank nimmt er zwei Flaschen.	12	2	8	5	4
10	Deswegen dürfen sie länger aufbleiben.	10	5	2	9	7
11	Die beiden Gläser stürzen auf den Boden.	6	4	1	8	5
12	Der Blumenstrauß rutscht aus der Vase.	7	1	6	11	3

Wörtliche Rede

Tina würde gerne ihr Buch weiterlesen, Tom dagegen interessiert sich nur für das Fußballspiel. Wer sagt das?

1 „Hoffentlich schießt der nicht vorbei."

2 „Das ist wirklich ein spannendes Buch."

3 „Heute Abend möchte ich das Fußballspiel sehen."

4 „Soll ich dir eine Flasche Apfelsaft mitbringen?"

5 „Achtung! Die Vase kippt um!"

6 „Mal sehen, was es im Fernsehen gibt."

7 „Bringst du mir auch ein Glas mit?"

8 „Pass auf die Gläser auf!"

9 „Das Spiel hat ja schon angefangen!"

10 „Von mir aus kann der Fernseher ausgeschaltet bleiben."

11 „Das ist ja ein spannendes Spiel!"

12 „Hast du wirklich nur Fußball im Kopf?"

Reihenfolge

Was passiert zuerst?

1

Die Rüben werden ____.

gekocht	6
gereinigt	9

2

Mutter ____ die Hemden.

wäscht	5
bügelt	9

3

Das Gras wird ____.

verfüttert	7
gemäht	2

4

Sabine ____ die Blumen.

pflückt	10
verschenkt	11

5

Die Ware wird ____.

ausgesucht	8
bezahlt	4

6

Kai ____ das Obst.

isst	1
erntet	12

7

Das Radio wird ____.

angeschaltet	4
ausgeschaltet	5

8

Stefan ____ seine Geldbörse.

findet	3
verliert	11

9

Ein Geschenk wird ____.

ausgepackt	12
verpackt	7

10

Franziska ____ die Schultür.

öffnet	3
schließt	8

11

Das Haus wird ____.

gebaut	10
geplant	1

12

Papa ____ das Auto.

beschädigt	6
repariert	2

Gefühle und Stimmungen

Welche Nomen (Namenwörter) bezeichnen Gefühle?

1
- Silbe 6
- Probe 3
- Liebe 9

2
- Unsicherheit 1
- Klugheit 8
- Handarbeit 6

3
- Vergiftung 4
- Enttäuschung 6
- Verschiebung 12

4
- Trauer 10
- Mauer 3
- Brauer 5

5
- Flüssigkeit 9
- Sparsamkeit 7
- Fröhlichkeit 12

6
- Blut 8
- Wut 2
- Brut 5

7
- Beklemmung 4
- Überlegung 11
- Rechnung 2

8
- Kreide 12
- Freude 7
- Rede 11

9
- Rüstung 1
- Richtung 10
- Hoffnung 5

10
- Flucht 7
- Furcht 3
- Frucht 9

11
- Stück 10
- Schluck 1
- Glück 11

12
- Ärger 8
- Jäger 4
- Schlager 2

Gute und schlechte Gefühle

Sind das gute ☺ oder schlechte ☹ Gefühle?

		☺	☹
1	freundlich	7	3
2	heiter	4	9
3	garstig	5	12
4	fröhlich	8	10
5	schwindlig	1	6
6	böse	11	3
7	lustig	2	6
8	herzlich	10	4
9	übel	12	11
10	unwohl	8	1
11	zufrieden	5	7
12	zornig	2	9

Treffendere Adjektive (Eigenschaftswörter) für gut, schön und toll

Suche ein anderes treffenderes Adjektiv (Eigenschaftswort).

1	ein	guter	Apfel	behaglicher	6
2	ein	guter	Hund	lustiger	4
3	ein	guter	Sessel	saftiger	3
4	ein	guter	Clown	wachsamer	1
5	eine	schöne	Kette	fleißige	7
6	eine	schöne	Banane	knorrige	10
7	eine	schöne	Eiche	kostbare	12
8	eine	schöne	Biene	reife	8
9	ein	tolles	Kissen	aufregendes	2
10	ein	tolles	Eis	bequemes	11
11	ein	tolles	Messer	leckeres	9
12	ein	tolles	Erlebnis	nützliches	5

Treffende zusammengesetzte Adjektive (Eigenschaftswörter)

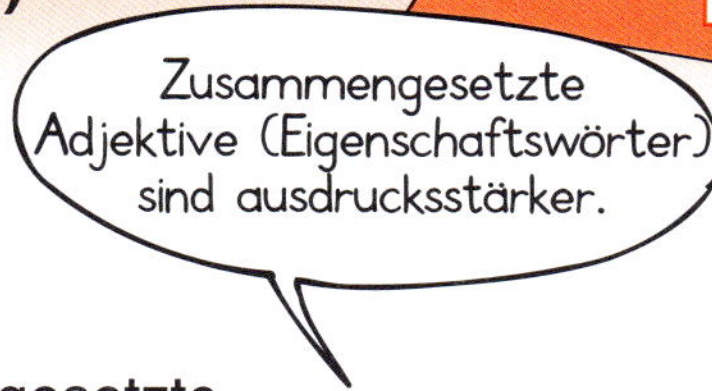

Wie heißt das treffende zusammengesetzte Adjektiv (Eigenschaftswort)?

1  ein ___ Baum	2  ein ___ Wurm
3 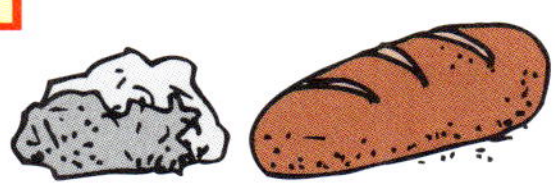 ein ___ Brot	4  eine ___ Lampe
5  ein ___ Tuch	6  eine ___ Tasse
7  eine ___ Suppe	8  ein ___ Boxer
9  eine ___ Torte	10  ein ___ Ball
11  eine ___ Schlange	12  eine ___ Rakete

armdicke	6
baumstarker	2
blitzschnelle	1
butterweiche	12
federleichtes	5
feuerheiße	3
handgroße	7
kugelrunder	4
mondhelle	9
nudeldicker	8
steinhartes	11
turmhoher	10

Wortfeld „tun“

Was die Leute alles tun

Suche ein anderes treffenderes Verb (Zeitwort).

1	Der Nachbar **tut** die alte Zeitung in den Papierbehälter.
2	Paula **tut** alle Schulsachen an ihren Platz.
3	Fritzchen **tut** die Sticker in sein Heft.
4	Der Hausmeister **tut** die Tür zu.
5	Der Bäcker **tut** Zucker auf den Kuchen.
6	Die Lehrerin **tut** die Kerze aus.
7	Der Eierverkäufer **tut** die Eier vorsichtig in den Karton.
8	Der neue Schüler **tut** im Unterricht gut mit.
9	Die Tante **tut** Wasser ins Glas.
10	Frau Meier **tut** die Wäsche auf die Leine.
11	Marie **tut** ihre Arbeitsblätter in ihren Ordner.
12	Vater **tut** die Butter aufs Brot.

arbeitet	12
bläst	11
gießt	9
hängt	2
heftet	3
klebt	10
legt	7
räumt	6
schließt	1
streicht	5
streut	4
wirft	8

Wortfeld „machen“

Was Gabi und Lukas nach der Schule alles machen

backen	12
bauen	3
decken	7
erledigen	4
kochen	5
lösen	2
malen	11
putzen	9
reinigen	8
schalten	6
schreiben	10
stricken	1

1	Sofort **machen** sie den Tisch.
2	Dann **machen** sie Nudeln oder eine Suppe.
3	Nach dem Essen **machen** sie die Hausaufgaben.
4	Meistens **machen** sie zuerst die Rechenaufgaben.
5	Danach **machen** sie einen Übungstext oder Aufsatz.
6	Manchmal **machen** sie auch einen Kuchen.
7	Anschließend **machen** sie dann die Küche und das Bad.
8	Oft **machen** sie Bilder.
9	Gerne **machen** sie auch eine Ritterburg.
10	Für Mutters Geburtstag **machen** sie Strümpfe.
11	Bevor sie zu Bett gehen, **machen** sie ihre Zähne.
12	Zuletzt **machen** sie das Licht aus.

Wortfeld „gehen“ bei Tieren

Wie gehen die Tiere?

Finde das treffendere Verb (Zeitwort).

1 
Störche ________ .

2 
Hasen ________ .

3 
Schlangen ________ .

4 
Frösche ________ .

5 
Enten ________ .

6 
Elefanten ________ .

7 
Gämsen ________ .

8 
Hähne ________ .

9 
Eidechsen ________ .

10 
Seehunde ________ .

11 
Füchse ________ .

12 
Käfer ________ .

hoppeln	1
hüpfen	3
huschen	5
klettern	9
krabbeln	8
kriechen	6
robben	10
schleichen	11
stelzen	4
stolzieren	7
trampeln	2
watscheln	12

Wortfeld „rufen“ bei Tieren

Wie rufen die Tiere?

bellen	1
blöken	3
brummen	4
gackern	9
grunzen	12
meckern	7
miauen	8
röhren	10
summen	2
wiehern	6
zirpen	5
zwitschern	11

1 
Pferde ______.

2 
Hühner ______.

3 
Hunde ______.

4 
Grillen ______.

5 
Ziegen ______.

6 
Hirsche ______.

7 
Vögel ______.

8 
Schafe ______.

9 
Bienen ______.

10 
Schweine ______.

11 
Katzen ______.

12 
Bären ______.

Treffende Nomen (Namenwörter) zum Thema „Wald“

Suche für die Sammelnamen die dazugehörigen Einzelnamen.

1	In dem herrlichen Wald stehen viele **Laubbäume** .
2	**Nadelbäume** sind kaum vorhanden.
3	Tief im Innern des Waldes verstecken sich viele **Wildtiere** .
4	Denn es gibt hier genügend **Nahrung** .
5	**Vögel** musizieren von morgens bis abends.
6	**Insekten** surren durch die Luft.
7	An einigen Stellen wachsen **Kräuter** .
8	**Sträucher** säumen die Wege.
9	Manchmal ranken auch **Kletterpflanzen** an den Bäumen empor.
10	Mit etwas Glück kann man **Speisepilze** finden.
11	**Giftpilze** sollte man natürlich meiden.
12	Der Wald ist auch ein Arbeitsplatz für **Berufe** .

Buchen und Eichen	8
Efeu und Hopfen	6
Bärlauch und Waldmeister	7
Fichten und Kiefern	3
Finken und Meisen	5
Fliegenpilze und Knollenblätterpilze	12
Förster und Waldarbeiter	10
Holunder und Weißdorn	9
Maronen und Steinpilze	2
Mücken und Wespen	4
Pilze und Waldfrüchte	1
Rehe und Wildschweine	11

Treffende zusammengesetzte Nomen (Namenwörter) zum Thema „Weihnachtsfeier“

Wie heißen die treffenden zusammengesetzten Nomen (Namenwörter)?

Begrüßungsansprache	5
Freizeitheim	10
Papiersack	6
Quizfragen	3
Ratespiele	7
Schokoladenweihnachtsmann	12
Spielzeugautos	4
Sportverein	11
Überraschungspaket	8
Vereinsmitglieder	9
Weihnachtsbaum	2
Weihnachtsfeier	1

1	Alle Kinder haben sich schon lange auf die **Feier** gefreut.
2	Ihr **Verein** hatte alle herzlich eingeladen.
3	Im **Heim** war alles festlich geschmückt.
4	Jeder hatte ein kleines **Paket** gepackt.
5	Oft waren darin **Autos** oder Schokolade.
6	Alle Geschenke kamen in einen großen **Sack**.
7	Dieser wurde dann unter den **Baum** gelegt.
8	Nach einer **Ansprache** gab es Kuchen und Kakao.
9	Danach packten alle **Mitglieder** ihre Pakete aus.
10	Dann gab es zur Abwechslung einige **Spiele**.
11	Wer die meisten **Fragen** beantworten konnte, hatte gewonnen.
12	Nach dem gemeinsamen Singen bekam jeder einen **Weihnachtsmann**.

Reizwörter – Nomen (Namenwörter)

Welches Nomen (Namenwort) passt am besten zu den beiden Reizwörtern?

1

Laubwald – Förster			
Fabrik	7	Rakete	8
Jagdhund 2			

2

Schreibtisch – Arbeitsheft			
Füller	9	Rutsche	6
Riesenrad 3			

3

Fahrrad – Luftpumpe			
Schulter	1	Sattel	5
Tomate 12			

4

Gebirge – Bergwald			
Hauptstadt	9	Gipfel	1
Schulzentrum 5			

5

Katze – Maus			
Beute	11	Beruf	6
Kaktus 4			

6

Schwimmbad – Rettungsring			
Computer	11	Rätsel	12
Bademeister 10			

7

Tasse – Teller			
Strecke	4	Kuchen	7
Turnhalle 1			

8

Balken – Säge			
Hobel	3	Regen	10
Rübenacker 2			

9

Pullover – Seidentuch			
Fleisch	8	Zeitung	11
Waschmittel 6			

10

Gewächshaus – Gemüse			
Reporter	7	Salat	8
Armband 9			

11

Badehose – See			
Wasser	12	Brief	3
Zauberer 5			

12

Erntefest – Kornähren			
Kinokarte	2	Flamme	10
Getreide 4			

Reizwörter – Adjektive (Eigenschaftswörter)

Welches Adjektiv (Eigenschaftswort)
passt am besten zu den beiden Reizwörtern?

1 Pferd – Reiter

lila 9 | schnell 5 | eckig 8

2 Messer – Brot

scharf 4 | reich 6 | wachsam 7

3 Kleister – Papier

ehrgeizig 6 | klebrig 2 | misstrauisch 5

4 Heizung – Winter

treu 12 | lustig 8 | warm 6

5 Garten – Erde

fruchtbar 8 | feige 9 | besorgt 2

6 Liegestuhl – Terrasse

lieb 11 | bequem 3 | gütig 4

7 Wasser – Waschmaschine

bissig 3 | zaghaft 1 | sauber 12

8 Konzert – Trompete

mutig 2 | silbern 11 | laut 10

9 Fußball – Spielfeld

ledern 1 | fleißig 3 | verzweifelt 10

10 Weihnachtsmann – Schlitten

reich 12 | bärtig 11 | tödlich 1

11 Motorrad – Kurve

gerade 4 | hell 10 | gefährlich 7

12 Winter – Eis

kalt 9 | traurig 7 | schmutzig 5

Reizwörter – Verben (Zeitwörter)

Welches Verb (Zeitwort) passt
am besten zu den beiden Reizwörtern?

1

Lehrerin – Wandtafel	
tauschen 9	schreiben 5
schwimmen 11	

2

Kühe – Weide	
flattern 12	greifen 3
grasen 7	

3

Ostern – Eier	
weinen 2	quietschen 10
suchen 3	

4

Hund – Schafe	
bewachen 12	drücken 1
flüstern 8	

5

Landwirt – Mähdrescher	
läuten 11	ernten 9
streiten 4	

6

Fensterscheibe – Tuch	
wischen 2	pfeifen 9
schneiden 7	

7

Radio – Sendung	
gießen 8	begraben 12
ausschalten 6	

8

Fuchs – Gans	
kochen 5	fangen 1
kichern 6	

9

Sterne – Nacht	
scheinen 4	fahren 2
bürsten 10	

10

Schiff – Matrose	
fliegen 5	schwimmen 11
wiegen 1	

11

Spaziergang – Blumen	
pflücken 10	lackieren 3
blitzen 6	

12

Eicheln – Herbst	
reiten 4	sitzen 7
sammeln 8	

Treffende Verben (Zeitwörter) für „Geräusche machen“

Suche das treffende Verb (Zeitwort).

1		Die Säge ___ .
2		Die Peitsche ___ .
3		Das Feuer ___ .
4		Die Glocke ___ .
5		Die Uhr ___ .
6		Der Donner ___ .
7		Das Meer ___ .
8		Das Laub ___ .
9		Das Wasser ___ .
10		Das Motorrad ___ .
11		Die Rakete ___ .
12		Die Wurst ___ .

brutzelt	5
knallt	6
knattert	4
knistert	1
kracht	11
kreischt	10
läutet	9
raschelt	12
rauscht	3
tickt	7
tröpfelt	8
zischt	2

Stichwörter zum Thema „Sportunterricht“– Nomen (Namenwörter)

Welche Stichwörter passen zum Thema „Sportunterricht“?

1	Berghütte	3	Landschaft	9	Wettkampf	6	Taschengeld	8
2	Purzelbaum	4	Partnerdiktat	10	Baumrinde	8	Margarine	6
3	Feuerwehr	7	Bildstelle	2	Zeitschrift	5	Turnhose	1
4	Steuerrad	9	Urkunde	5	Westen	7	Fluggast	10
5	Handball	7	Patient	10	Lesestation	1	Windmühle	11
6	Schornstein	5	Sprechblase	7	Spielfeld	3	Erdgas	4
7	Religion	6	Sprossenwand	11	Familie	4	Wörterbuch	12
8	Kastanie	1	Roboter	3	Geldschein	12	Reck	10
9	Detektiv	9	Barren	2	Flachland	11	Werkstatt	4
10	Buchstabe	3	Museum	8	Handstand	12	Filter	2
11	Kletterstange	8	Klavier	5	Waldrand	1	Bundesland	12
12	Redensart	2	Himmel	6	Gegenstand	11	Mannschaft	9

Stichwörter zum Thema „Sportunterricht“– Verben (Zeitwörter)

1	kochen	9	biegen	3	heften	7	gewinnen	4
2	regnen	10	schreiben	11	werfen	8	schmecken	7
3	spurten	11	bellen	8	wecken	12	reisen	6
4	besuchen	8	brennen	1	wachsen	11	turnen	3
5	wohnen	2	laufen	5	melken	12	blühen	1
6	schwingen	1	schälen	7	kaufen	8	basteln	9
7	tanken	10	füttern	4	zielen	9	fahren	6
8	zeichnen	3	mitspielen	2	bezahlen	12	pflanzen	5
9	verlieren	6	sparen	10	knarren	1	quaken	11
10	rosten	4	fressen	2	lesen	5	springen	10
11	schlafen	3	trainieren	12	donnern	9	wischen	6
12	kratzen	5	zerschneiden	4	kämpfen	7	falten	2

Sinnverwandte Nomen (Namenwörter)

Welche Nomen (Namenwörter) haben eine ähnliche Bedeutung?

1 Loch	
Glanz	12
Kasten	4
Öffnung	3

2 Zweig	
Krug	3
Ast	11
Raum	8

3 Nebel	
Dunst	8
Pfütze	5
Schlamm	12

4 Scherz	
Quelle	7
Witz	4
Zweifel	9

5 See	
Teich	2
Schmutz	6
Gebirge	11

6 Glocke	
Kiste	7
Fahne	9
Klingel	12

7 Ort	
Riss	2
Stamm	1
Platz	10

8 Müll	
Wolke	3
Abfall	5
Rübe	1

9 Menge	
Masse	7
Rohr	2
Brief	5

10 Schachtel	
Pforte	11
Karton	9
Dampf	6

11 Stange	
Krach	4
Wind	10
Mast	1

12 Schale	
Schüssel	6
Qualm	10
Ufer	8

Sinnverwandte Adjektive (Eigenschaftswörter)

Welche Adjektive (Eigenschaftswörter) haben eine ähnliche Bedeutung?

1	dunkel
grob	8
finster	6
albern	3

2	lustig
ehrlich	4
günstig	10
fröhlich	8

3	glatt
rutschig	10
scharf	8
falsch	11

4	eifrig
fett	7
offen	1
fleißig	11

5	klug
schlau	4
zäh	12
billig	9

6	brav
mühsam	9
artig	1
faul	5

7	eng
schmal	5
stark	3
mager	10

8	nett
spitz	6
frech	4
freundlich	2

9	still
trübe	1
leise	9
fest	11

10	kühn
mutig	12
störrisch	7
launisch	5

11	schnell
kurz	2
flink	3
eifrig	12

12	eisig
heftig	2
knapp	6
frostig	7

Treffendere Ausdrücke für „kaputt“

Suche den treffenderen Ausdruck für „kaputt“.

1 
Der Ast ist **kaputt** .

2 
Der Käse ist **kaputt** .

3 
Die Butter ist **kaputt** .

4 
Der Schirm ist **kaputt** .

5 
Die Blume ist **kaputt** .

6 
Der Kamm ist **kaputt** .

entzwei	geknickt	morsch	ranzig	undicht	verschimmelt
5	1	9	7	10	12

7 
Der Spiegel ist **kaputt** .

8 
Die CD ist **kaputt** .

9 
Der Bleistift ist **kaputt** .

10 
Der Apfel ist **kaputt** .

11 
Der Strumpf ist **kaputt** .

12 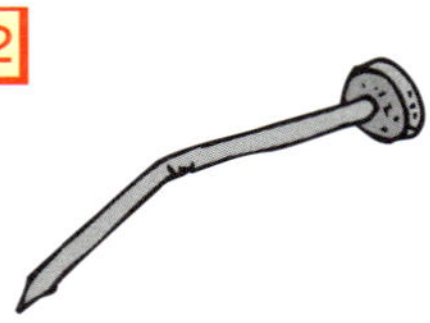
Der Nagel ist **kaputt** .

abgebrochen	durchlöchert	verbogen	verfault	zerbrochen	zerkratzt
2	8	11	3	4	6

Geschichten-Mix

Gartenarbeit oder Musizieren ?

Zu welcher Geschichte gehören die Sätze?

1	12	Lisa spielt gerne Klavier.	11
2	9	Täglich übt sie zwei Stunden.	7
3	10	Sie beschäftigt sich gerne mit Blumen und Pflanzen.	4
4	6	Besonders Mozart hat es ihr angetan.	12
5	4	Dafür gräbt sie um und lockert den Boden auf.	1
6	8	Auch Unkraut jäten gehört dazu.	10
7	11	Dessen Musik ist leicht, beschwingt und fröhlich.	6
8	1	Besonders gerne aber pflückt sie Erdbeeren.	2
9	3	Zweimal pro Woche geht sie zum Unterricht.	9
10	5	Fast jede zweite Beere landet in ihrem Mund.	8
11	7	In der Schule hat sie auch schon vorgespielt.	3
12	2	Deswegen möchte sie noch ein weiteres Beet anlegen.	5

In welcher Zeit steht der Satz?

	Vergangenheit		Gegenwart
1	7	Der Sturm **wirbelte** die Blätter herum.	2
2	11	Viele Schirme **stülpt** er einfach um.	5
3	1	Hüte **fliegen** von den Köpfen.	10
4	2	Trockene Äste **fielen** von den Bäumen.	9
5	10	Strommasten **knicken** um.	4
6	12	Verkehrsschilder **wackelten** hin und her.	7
7	8	Dachziegel **fielen** herunter.	6
8	3	Offene Türen **schlagen** krachend zu.	11
9	9	Zahlreiche Schiffe **gerieten** in Seenot.	12
10	4	Laut **flattern** die Fahnen am Mast.	1
11	5	Antennen **werden** losgerissen.	3
12	6	Die Flugzeuge **bekamen** Startverbot.	8

Überschriften

Welche Überschriften passen zu den Sätzen?

1 Die Schlangen und Raubtiere waren im Dickicht nicht zu sehen.

2 Jedes Jahr hofften wir auf eine gute Ernte.

3 Als sie im Abenddunst die Küste sahen, waren alle sehr erleichtert.

4 Sie surften stundenlang von den USA bis Neuseeland.

5 Heute leben sie fast nur noch in Reservaten.

6 Der größte von ihnen wog etwa 130 Tonnen.

7 Täglich übte ich mehrere Stunden lang auf dem Sportplatz.

8 Durch die Rüstung waren sie vor Hieben und Stichen geschützt.

9 Fast jedes Konzert war ausverkauft.

10 Nur mühsam kämpften sie sich durch das ewige Eis.

11 In dem Koffer befand sich die gesamte Beute.

12 Zum Glück waren die Aufwinde stark genug.

Auf dem Weg zur Meisterschaft	12
Bei den Dinosauriern in der Vergangenheit	4
Das Leben eines Pop-Sängers	1
Die Herrschaft der Ritter	9
Detektiv Findig im Einsatz	7
Expedition durch den Dschungel	5
Floßfahrt über den Atlantik	2
Im Internet rund um die Welt	6
Mit dem Segelflugzeug unterwegs	10
Unser Leben auf der Farm	3
Unter Indianern in Nordamerika	8
Zum Südpol und zurück	11

Einladungsanlässe

Welche Anlässe kann es für eine Einladung geben?

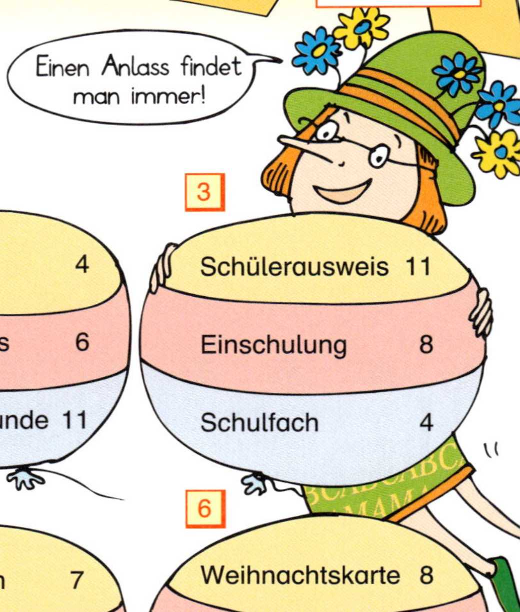

1
- Gartengrill 6
- Gartenparty 11
- Gemüsegarten 12

2
- Geburtstag 4
- Geburtshaus 6
- Geburtsurkunde 11

3
- Schülerausweis 11
- Einschulung 8
- Schulfach 4

4
- Osternest 10
- Osterhase 3
- Ostern 6

5
- Klassenbuch 7
- Klassenfeier 2
- Klassenzimmer 10

6
- Weihnachtskarte 8
- Weihnachtsmann 5
- Weihnachten 3

7
- Nachname 1
- Namensschild 9
- Namensfest 12

8
- Hochzeit 10
- Hochnebel 4
- Hochgebirge 2

9
- Kinderkarneval 1
- Schulkinder 7
- Kinderwagen 5

10
- Pfingstbaum 8
- Pfingsten 5
- Pfingstrose 12

11
- Kindstaufe 7
- Kindheit 9
- Einzelkind 1

12
- Richtigkeit 3
- Fahrtrichtung 2
- Richtfest 9

Einladung – Postkarte

Was gehört zu einer Einladungspostkarte?

1
- Ausrede 8
- Anzeige 4
- Anrede 10

2
- Grundstück 7
- Einladungsgrund 1
- Meeresgrund 12

3
- Unterschrift 6
- Unterstand 11
- Untergang 8

4
- Tagesbeginn 10
- Fahrplan 1
- Beginn der Feier 9

5
- Grüße 12
- Fremdwort 3
- Redezeit 1

6
- Stundenplan 9
- Dauerlauf 5
- Datum 2

7
- Vorschrift 12
- Anschrift 3
- Zeitschrift 6

8
- Urlaubsort 10
- Ort der Feier 7
- Arbeitsort 2

9
- Ortsausgang 4
- Geburtsort 11
- Ortsangabe 5

10
- Briefmarke 4
- Brieföffner 9
- Automarke 5

11
- Abkürzung 7
- Absender 11
- Radiosender 3

12
- Ende der Feier 8
- Endsilbe 2
- Wochenende 6

Satzanfänge

Suche den sinnähnlichen Satzanfang.

Nr.	Wort	Auswahl	Zahl
1	plötzlich	langsam	7
		allmählich	4
		auf einmal	11
2	hier	immer wieder	9
		meistens	6
		an dieser Stelle	10
3	bald	vorher	10
		in Kürze	8
		des Öfteren	2
4	nun	nach einiger Zeit	6
		mehrfach	1
		häufig	10
5	oft	mehrmals	2
		soeben	8
		gestern	4
6	dann	zu Beginn	2
		anschließend	9
		anfänglich	7
7	jetzt	unweit	3
		behutsam	6
		augenblicklich	12
8	häufig	sodann	5
		wiederholt	4
		nie	11
9	dort	an jenem Platz	1
		zur Zeit	8
		nunmehr	5
10	zuerst	danach	12
		später	3
		anfangs	5
11	immer	unaufhörlich	7
		zum Schluss	12
		zunächst	1
12	schließlich	dauernd	9
		endlich	3
		meistens	11

Satzumstellungen

Was Pia alles kann!

Welches ist der umgestellte Satz?

1. **Sie** ist in der Sportstunde meistens die Schnellste.
2. **Sie** verliert nur selten die Lust.
3. **Sie** gewinnt beim Sportfest fast immer.
4. **Sie** treibt deswegen gerne Sport.
5. **Sie** zeichnet außerdem sehr gut.
6. **Sie** kann am besten Menschen und Tiere zeichnen.
7. **Sie** geht daher regelmäßig in den Zoo.
8. **Sie** beobachtet die Zootiere mit viel Ausdauer.
9. **Sie** wird auch oft nach den Hausaufgaben gefragt.
10. **Sie** benötigt dafür aber nur wenig Zeit.
11. **Sie** eilt dann anschließend zum Sportverein.
12. **Sie** wird bestimmt einmal eine berühmte Sportlerin.

- Anschließend eilt sie dann zum Sportverein. 1
- Außerdem zeichnet sie sehr gut. 2
- Bestimmt wird sie einmal eine berühmte Sportlerin. 6
- Dafür benötigt sie aber nur wenig Zeit. 10
- Beim Sportfest gewinnt sie fast immer. 8
- Deswegen treibt sie gerne Sport. 3
- In der Sportstunde ist sie meistens die Schnellste. 4
- Menschen und Tiere kann sie am besten zeichnen. 12
- Mit viel Ausdauer beobachtet sie die Zootiere. 5
- Nur selten verliert sie die Lust. 11
- Oft wird sie auch nach den Hausaufgaben gefragt. 7
- Regelmäßig geht sie daher in den Zoo. 9

Gegensatz-Geschichte

Schreck am Abend

Suche das gegensätzliche Adjektiv (Eigenschaftswort).

1	Es sollte eigentlich ein **ungemütlicher** Abend werden.
2	Der **unbequeme** Fernsehsessel stand schon bereit.
3	Da schoss plötzlich ein **dunkler** Blitz durch das Zimmer.
4	Der Fernseher hatte einen **ungefährlichen** Kurzschluss ausgelöst.
5	Vater holte **unvorsichtig** eine Kerze aus dem Schrank.
6	Nur das **dicke** Streichholz konnte er im Dunkeln nicht finden.
7	Zum Glück wusste Benny, wo seine **schrottreife** Taschenlampe lag.
8	Er ging **schreckhaft** zum gegenüber liegenden Bücherregal.
9	Sachte glitt seine Hand über das **raue** Regal.
10	Plötzlich spürte er ein **hartes** Fell.
11	Es war sein **plumpes** Kätzchen Minka.
12	Es hatte sich auf das **wackelige** Regal geflüchtet.

bequeme	5
dünne	6
gefährlichen	10
gemütlicher	9
glatte	1
heller	2
nagelneue	4
ruhig	11
stabile	12
vorsichtig	8
weiches	3
zierliches	7